Sabine Naegeli

Du hast mein Dunkel geteilt

Sabine Naegeli

Du hast mein Dunkel geteilt

Gebete an unerträglichen Tagen

Herder Freiburg · Basel · Wien

Gedruckt auf umweltfreundlichem,
chlorfrei gebleichtem Papier

Umschlagfoto: Erich Lessing

Sechzehnte Auflage

Alle Rechte vorbehalten – Printed in Germany
© Verlag Herder Freiburg im Breisgau 1984
Herstellung: Freiburger Graphische Betriebe 1997
ISBN 3-451-20185-2

Inhalt

Ein Wort zuvor 7
Sehnsucht nach Trost 8
Den Schmerzen ausgeliefert 9
Wenn die Müdigkeit groß wird 10
Wenn die Last zu schwer wird 12
Das Eingeschlossensein überdauern 14
Wenn ich keinen Weg erkenne 16
An unerträglichen Tagen 18
Die Dunkelheit teilen 21
Eingeschlossen im Schmerz 22
Wenn nichts mehr gelingen will 24
In schlaflosen Nächten 26
Wenn die Schatten wachsen 28
Ich brauche innere Heilung 30
Den neuen Tag fürchten 33
Im Ringen um Verzeihenkönnen 34
Das Böse in mir 36
Einstehen für fremde Schuld 38
Die Entfremdung überwinden 40
Ich will umkehren 42
Mit Entbehrungen leben 44
Abschiednehmen 46
Trennung bestehen 48
Im Angesicht des Todes 50
Betroffen vom Leid deines Volkes 52
Ich dürste nach Leben 54
An Gott leiden 56
Gott suchen 58
Halt suchen 60

Sehnsucht nach Gott	62
Zu Gott fliehen	64
Das Schweigen brechen	66
Wenn die Kraft des Glaubens nicht standhält	68
Geborgenheit brauchen	70
✗ Dennoch vertraue ich	72
Stellvertretend glauben	74
Das Elend der Kirche	76
Sein, der ich bin	78
Zum Lob befreit werden	79
Wer bin ich?	80
Ein Mensch sein wollen nach dem Herzen des Herrn	82
✗ Das Habenwollen überwinden	84
Ich möchte liebesfähig sein	86
Liebe leben lernen	88
Meine Kinder brauchen mich	92
✗ Das Entsetzen teilen	94
Elend wahrnehmen	96
Das zerstörte Antlitz des Menschen	98
Zusammengehören mit dem Gekreuzigten	100
✗ Wieder glauben können	102
✗ Um den Segen bitten	104
✗ Segen	107

Ein Wort zuvor

Es gibt in unserem menschlichen Leben immer wieder einmal Tage, an denen wir uns als Zerschlagene, als Mutlose, als Zerstörte vorfinden. Wir sind flügellahm geworden; unsere Lebenskraft ist gebrochen; eine unwiderstehliche Müdigkeit bemächtigt sich unser, der das Gefühl des Verlassenseins innewohnt. Wir spüren nachhaltig, wie begrenzt unsere Tragfähigkeit ist. Oft machen wir die Erfahrung, daß sich uns das Gebet „an unerträglichen Tagen" verweigert. Für diesen und jenen unter uns mag es dann hilfreich sein, wenn das Gebet eines anderen ihm die Stimme verleiht, die ihn aus seinem Verstummen befreit. Worte der Hoffnung nachzusprechen mag zunächst schwerfallen, weil wir ja gerade in solchen Situationen der Hoffnung ermangeln. Und doch scheint mir solches Nachsprechen sehr wichtig. Das Herz mag lange unerreicht bleiben, aber wir dürfen hoffen, daß es eines Tages unvermutet mitzuschwingen beginnt. So geht dieses Büchlein mit dem Wunsch hinaus, daß es ein Stück Hilfe sein möchte, das Gespräch mit Gott an Tagen, die uns verdunkelt sind, nicht abreißen zu lassen oder es gerade dann neu zu suchen.

St. Gallen, im Winter 1983 *Sabine Naegeli*

Sehnsucht nach Trost

*Trost ist
nicht weniger lebenswichtig
als Brot.*

Herr,
ich habe
ein so verzweifeltes Verlangen
nach Getröstetwerden.
Es ist niemand da,
der meine Hand hält,
an dessen Brust
ich mich flüchten,
in dessen Arme
ich mich bergen kann,
bei dem ich weinen darf,
der mir Trost zuspricht.

Herr, ich habe gelernt,
daß du mir Zuflucht sein willst,
aber es ist nur ein Wissen des Verstandes.
Mein Herz vermag es nicht zu stillen.
Ich bitte dich,
laß mich deine Nähe erfahren
wie die Nähe eines geliebten Menschen.
Birg mich, Herr, an deinem Herzen.

Den Schmerzen ausgeliefert

Wie berauben wir uns selbst,
wenn wir das heilende Tun Jesu eingrenzen
auf die Zeit seines Erdenlebens.
Das Evangelium will uns nicht berichten,
was Jesus vorzeiten tat,
sondern wer er für uns ist
und was er hier und heute an uns tun kann.

Gott,
ich fühle nur die unablässigen Schmerzen,
die meinen Leib durchbohren.
Ich kann keinen klaren Gedanken mehr fassen.
Es ist kein Gebet in mir.
Nimm mein Stöhnen als Gebet an.

Wenn die Müdigkeit groß wird

*Immer wieder
die Angst,
zu versinken
in den Fluten,
die über mich
hereingebrochen sind.
Und doch
gibt es
Sternstunden:
da weiß ich,
daß Einer
mich
durch alle Wogen
nach Hause trägt.*

Manchmal, Herr,
bin ich so müde,
daß ich nichts sehnlicher wünsche
als auszulöschen,
nicht mehr sein zu müssen.
Manchmal wird mir das Leben
zu einer Last,
die ich abwerfen möchte.
Manchmal, Herr,
bin ich gänzlich unfähig,
mir vorzustellen,
wie es ist,

unbeschwert und fröhlich zu sein,
Schwung zu haben,
den Alltag anzupacken.
Alt und verbraucht
fühle ich mich.

Wenn diese lähmende Müdigkeit
nach mir greift,
dann laß mich Zuflucht finden,
mein Gott, bei dir.
Erinnere mich,
wie oft du mich schon befreit hast
aus solchen Tiefen.
Herr, ich will den Stimmen
des Mißtrauens in mir
keinen Glauben schenken.
Du wirst mich nicht verlassen.
Mut und Freude
werden wiederkommen.
Ich lasse deine Verheißungen
nicht los.

Wenn die Last zu schwer wird

Dein Leid,
Schwester,
verschließt mir
den Mund.
Ein falsches Trostwort,
und deine Einsamkeit
wächst ins Unendliche.
Deine Hand,
Schwester,
halte ich,
und mein Herz
schreit für dich
zu ihm.
Lästig
will ich ihm werden
mit meinem Schreien,
bis daß er dir
den Tröster
sende.

Gott,
mein Leben ist mir zu einer Last geworden,
die ich kaum noch zu tragen vermag.
Am Tage warte ich,
daß es endlich Abend wird,
und in schlaflosen Nachtstunden
warte ich auf den Morgen.

Herr,
du weißt, daß ich schon längst
an den Grenzen meiner Belastbarkeit
angekommen bin,
daß meine Lebenskraft gebrochen ist.
Lange habe ich versucht,
mir deine Verheißungen vorzusprechen,
aber sie erreichen mich nicht mehr.
In unendliche Fernen gerückt
bist du mir.
Ich kann nicht mehr in mir zurückrufen
die Zeiten, da dein Wort
mir Hilfe, Trost und Freude war.
Und doch habe ich ein unermeßliches
   Verlangen,
dich neu zu erfahren
als den, der mich auffängt,
als den, der mich tröstet,
als den, der mich wieder atmen läßt,
als den, zu dem ich gehören darf.
Herr, mein Gott,
warte nicht länger.
Ich kann nicht mehr.
Ich bitte dich: Komm!

Das Eingeschlossensein überdauern

*Die Befreiung liegt nicht immer darin,
daß verschlossene Türen sich öffnen,
sondern darin, daß wir in der Enge
nicht allein gelassen werden.*

Mein Gott,
ich weiß nicht,
wie dein Geist zu mir kommen soll,
wenn die Schwermut
alle Türen
mit eisernen Riegeln verschließt.
Ich weiß nicht,
wie ich dir vertrauen soll,
wenn nicht du selbst
mich dazu bereit und fähig machst.
Ich weiß nicht,
wie ich dich wahrnehmen soll,
wenn meine Augen von Tränen blind sind.
Ich weiß nicht,
wie ich deine Stimme hören soll,
wenn in meinen Ohren
die Schreie der Verzweifelten dröhnen.
Ich weiß nicht,
wie ich dich lieben soll,

wenn ich dein Nahesein nicht erfahre.
Einst kamst du zu den Deinen
durch verschlossene Türen.
Komm auch zu mir.
Zerbrich meine Ketten.

Wenn ich keinen Weg erkenne

*Es gibt keine Ausweglosigkeit
für die, die zu Christus gehören.
Was sich unserem Auge
als unüberwindliches Hindernis darstellt,
kann von ihm be-wegt werden.*

Ich weiß nicht,
was ich tun soll.
Ich bin gänzlich überfordert.
Ich kann mich der Entscheidung
nicht länger entziehen,
mein Gott,
und das ängstigt mich,
denn ihre Folgen
sind nicht überschaubar.
Mein Leben wird in ganz tiefer Weise
geprägt werden
von diesem Entschluß.
Ich trage eine so schwere Verantwortung,
denn immer wird meine Entscheidung
das Schicksal anderer Menschen mitbetreffen.

Ich kann nicht stehenbleiben,
und doch erkenne ich
keinen Weg.
Ich muß eine Richtung einschlagen,

ohne zu wissen,
ob sie sich zum Weg öffnen
oder sich als Irrweg erweisen wird.
Wie ich auch entscheide,
es wird kein Zurück geben.

Mein Gott,
ich bitte dich,
hilf mir zurecht
im Chaos meiner Gedanken.
Zerrissen bin ich
und weiß nicht ein noch aus.
Gib mir ein weises Herz.
Laß mich tapfere Schritte tun.
Du weißt den Weg.
Leite mich.
Ich vertraue dir.

An unerträglichen Tagen

*Die Last des Tages
annehmen,
sich ihr geduldig
beugen.
Nicht wissen müssen,
ob die Kraft
noch ausreicht
für morgen.
Den heutigen Tag
bestehen.
Das ist genug.*

*Die Last des Tages
annehmen.
Nicht,
weil sie tragbar ist,
nicht,
weil du stark genug bist,
nicht,
weil kein Fluchtweg offensteht.
Die Last des Tages
annehmen,
weil Einer da ist,
der zu dir sagt:
„Ich stärke dich."*

Herr, mein Gott,
es gibt Tage,
an denen alles versandet ist:
die Freude,
die Hoffnung,
der Glaube,
der Mut.

Es gibt Tage,
an denen ich meine Lasten
nicht mehr zu tragen vermag:
meine Krankheit, meine Einsamkeit,
meine ungelösten Fragen,
mein Versagen.

Herr, mein Gott,
laß mich an solchen Tagen erfahren,
daß ich nicht allein bin,
daß ich nicht durchhalten muß
aus eigener Kraft,
daß du mitten in der Wüste
einen Brunnen schenkst
und meinen übergroßen Durst stillst.

Laß mich erfahren,
daß du alles hast und bist,
dessen ich bedarf.
Laß mich glauben, daß du meine Wüste
in fruchtbares Land
verwandeln kannst.

Die Dunkelheit teilen

*Lieben heißt
sich einlassen auf das Leid.*

Voller Entsetzen
ist mein Herz
angesichts der endlosen Schrecken,
die du zuläßt
im Leben des Menschen,
den ich liebe.
Völlig hilflos zu sein
vor soviel auswegloser Not
bringt mich der Verzweiflung
mehr als nahe.
Ich bin wie gelähmt.
Wo bist du, Gott?
Warum lieferst du ihn
so unermeßlichem Leid aus?

Du bist ein Gott,
vor dem ich mich fürchte.
Und doch kann ich vor dir
nur zu dir flüchten.
Bettlerin möchte ich sein
vor dir,
rufen und schreien,
schreien und rufen,
bis du dich erbarmst.

Eingeschlossen im Schmerz

Wer mag
dich so verwundet haben?
Wer mag
gewaltsam
in dein Innerstes
gedrungen sein,
in Räume,
die ihm nicht gehörten?
Wer ist
mit dem, was du ihm anvertraut,
so unbehutsam
umgegangen,
daß du entsetzt
dein Herz verbargst
und nicht mehr wagst,
die Mauern zu verlassen?

Wir kennen einander
schon so viele Jahre,
und doch weiß ich nicht,
wer er eigentlich ist.
Ich spüre,
daß er schwere Last trägt;
seine Augen
verraten mir Trauer;
sein Rücken
wird immer gebeugter.

Aber er gibt sich frohgemut.
Er verbirgt seinen Schmerz
hinter lächelndem Gesicht.
Wie weh tut mir, Herr,
sein Leid!
Wie einsam macht ihn
die unsichtbare Mauer,
mit der er sich umgibt.
Ich bitte dich,
löse ihm die Zunge.
Schenke ihm,
daß er vor dir
sein Herz ausschütten,
daß er vor dir
weinen kann.
Schenke ihm
einen behutsamen Menschen,
dem er sich
aufzuschließen wagt.

Wenn nichts mehr gelingen will

*Gott
trägt auch die Last,
die du dir selber
manchmal bist.*

Heute
ist ein schwerer Tag,
mein Gott;
was ich auch beginne,
alles scheint zu mißlingen.
Enttäuschung und Ärger
wechseln einander ab.
Es ist,
als habe sich alles
gegen mich verschworen.
Gereizt bin ich
und lasse meinen Unmut
an meinen nächsten Menschen aus,
obwohl es mich insgeheim schmerzt,
ihnen Unrecht zu tun
und sie zum Opfer meiner Mißstimmung
zu machen.

Unerträglich bin ich,
Herr,
und mir selber eine Last.

Ich flüchte zu dir.
Nichts ist wichtiger jetzt,
als vor dir zu sein.
Und doch:
während ich zu beten versuche,
fliehen meine Gedanken
in unzählige Richtungen.
Hab Dank,
Herr,
daß du mich trotzdem liebevoll annimmst.
Gib mir den Blick
für die Rangordnung der Dinge wieder.
Lehre mich
das Wesentliche vom Unwesentlichen
unterscheiden.

Im Grunde weiß ich,
daß mein Unwille
ja nur dann so maßlos wird,
wenn ich meinen Eigenwillen
gewaltsam durchzusetzen trachte.
Gib mir,
mein Gott,
die Demut
die Dinge,
die meinem Wünschen zuwiderlaufen,
geduldig anzunehmen,
und erfülle mein ruheloses Herz
mit deinem Frieden.

In schlaflosen Nächten

Nicht vor dem Schmerz fliehen,
sondern wissen,
wohin wir mit dem Schmerz fliehen können,
darin liegt die Befreiung.

Der Schlaf verweigert sich mir.
Dunkle Schatten
legen sich über die Gedanken.
Wie der Nebel dem Boden entsteigt,
so steigt der Schmerz auf
aus den Tiefen der Seele
und deckt alle Getrostheit zu.
Ich bekämpfe ihn nicht.
Ich fliehe mit ihm zu dir,
mein Gott,
und bette mich in deine Arme.
Geborgen bin ich
an deinem Herzen.
Auch wenn ich es jetzt nicht fühle:
Du bist da.
Es ist nicht wichtig,
daß ich auf alle Fragen eine Antwort finde.
Du wachst über mir.
Du entmächtigst meine Ängste.

Du löst mich behutsam los von mir.
Bei dir kommt mein unruhiges Herz
zur Ruhe.
Mein Gott, ich danke dir.

Wenn die Schatten wachsen

Wenn die Finsternis
immer finsterer wird
und die Nacht
uns zu verschlingen droht,
wollen wir dessen eingedenk sein,
daß Ostern anbrach,
als es Nacht war.

Wenn sich die dunkle Nacht
der Schwermut
einer eisernen Klammer gleich
um meine Seele legt
und alles Leben aus mir weicht,
laß mich in deine Hände fallen, Gott,
denn du bist meine Zuflucht
in der Nacht der Seele.
Alle Kraft ist dein:
die Kraft zu bergen
und zu trösten,
die Kraft aufzurichten
und zu heilen,
zu verwandeln
und zu erneuern,
lebendig zu machen
und Hoffnung zu wecken.

Du läßt es Tag werden in mir,
und im Morgengrauen
werde ich erkennen:
Du warst Gefährte meiner Nacht.

Ich brauche innere Heilung

*Geweint oder ungeweint,
alle deine Tränen
sind gezählt.
Von Anbeginn
sind alle deine Leiden
mitgelitten,
deine Einsamkeiten
geteilt.
Aufgehoben
ist dein Verwundetes
am Herzen
des Herrn.*

Du bist ein Gott,
der das Zerbrochene heilt.
Herr, in meinem Leben
ist so vieles zerbrochen.
Schon als Kind
mußte ich erfahren,
daß ich nicht so geliebt war,
wie ich es gebraucht hätte.
Es gibt Erinnerungen
an meine Kindheit, Herr,
die mir bis heute
schwer zu tragen geben.
Vor dir möchte ich sie aussprechen,
damit du sie heilen kannst. –

Herr, du weißt,
daß ich als junger Mensch
von so großen und starken Erwartungen
an das Leben
erfüllt war.
Du kennst
meine Lebensgeschichte.
Du weißt,
daß sie immer wieder
eine Geschichte zerbrochener Hoffnungen war,
daß vieles in mir
leer blieb,
was doch nach Erfüllung schrie.

O Herr, ich habe Angst
hart und bitter zu werden.
Ich bitte dich,
erfülle du mich
mit dem Vertrauen,
daß du auch meiner Lebensgeschichte
einen unverlierbaren Sinn
verliehen hast.
Heile alles Enttäuschte,
alles Erschreckte und Verwundete
in den Tiefen meiner Seele.
Heile mich
von allen trügerischen Erwartungen,
von dem Drang,
meine Mitmenschen
durch überhöhte Ansprüche zu überfordern.

Laß mich alles,
was mir im tiefsten not tut,
von dir erwarten.
Laß mich nicht an mich reißen wollen,
was mir doch
keine letzte Erfüllung
geben kann.
Herr, erfülle du mich,
dann werde ich
heil.

Den neuen Tag fürchten

Dem gnädigen Dunkel der Nacht entrissen,
des Traumlandes verwiesen,
preisgegeben dem Erwachen,
ausgeliefert an die alte Last.
Sei ohne Furcht!
Am Ufer des neuen Tages
bist du erwartet.

Wie oft,
mein Gott,
habe ich deine Hilfe erfahren.
Dennoch habe ich es noch immer nicht
   gelernt,
in den Talsohlen meines Lebens
gelassen und getrost zu bleiben,
den Schmerz einzulassen,
still zu warten,
wie man das Vorübergehen
eines Unwetters abwartet.
Mir graut vor jedem Erwachen.
Fliehen möchte ich vor jedem neuen Tag.
Warum nur fürchte ich mich so sehr?
Du, mein Gott, bist doch bei mir.

Im Ringen um
Verzeihenkönnen

Meine Unfähigkeit zu vergeben
macht offenbar,
daß die Wunde, die mir zugefügt wurde,
nicht geheilt ist.
Wenn ich bereit bin,
mein Verletztes von Gott heilen zu lassen,
dann steht der Weg
zum Vergebenkönnen
offen.

Diesem Menschen vergeben,
nein, Herr,
das vermag ich nicht.
Zu schwer
trage ich
an der Zerstörung,
die er angerichtet hat
in mir.
Nie wird er
mich um Verzeihung bitten
in seiner Selbstgerechtigkeit.
Ich bin nicht nur zornig,
nein, ich hasse ihn.
Was er mir angetan hat,
ist unverzeihlich.

Im Grunde meines Herzens weiß ich,
daß ich mit meiner Unversöhnlichkeit
den Schaden
nur noch größer mache,
denn Haß
vergiftet die Seele.
Wo der Haß wohnt,
kann dein Geist nicht sein.
Herr, ich bitte dich,
befreie mich von der Unfähigkeit
zu vergeben.
Mach mich bereit und fähig,
zu sehen,
daß das Böse
auch in meinem Herzen wohnt
und daß wir alle
davon leben,
daß du uns immer wieder
einen neuen Anfang schenkst.

Das Böse in mir

*Wer du auch immer sein magst
in deinen Augen
und in den Augen anderer Menschen:
Gott sieht dich an,
darum bist du zuallererst
ein an-gesehener Mensch.*

Du steigst mit mir hinunter,
Herr,
in die Dunkelkammern meines Lebens.
Schritt für Schritt
enthüllst du mir
mein wahres Antlitz.
Meine Abgründe sind viel dunkler,
als ich es je geahnt hätte.
Im Licht deiner Gegenwart
erkenne ich meine Neigung zum Bösen.
Wie von unwiderstehlichen Mächten
   getrieben,
lasse ich mich wieder und wieder hinreißen,
dir die Herrschaft
über alle Bereiche meines Lebens
streitig zu machen.
Wo ich mich dir aber verweigere,
öffne ich anderen Mächten die Tür.
Die negativen Kräfte gewinnen Raum,

und mein Leben wird Zeugnis
meiner Entfremdung von dir.
Ich weiß, daß ich fähig bin,
gleichgültig zu sein gegen fremde Not,
Menschen zu verletzen,
zu verachten und zu hassen,
Dinge zu mißbrauchen,
erbarmungslos auf meinen Vorteil auszusein,
Macht zu genießen,
Versöhnung zu verweigern.
Und immer finde ich Gründe,
mich insgeheim zu verteidigen
und meine Schuld zu verharmlosen.
Ich erschrecke, Herr, vor mir.
Aber ich danke dir,
daß du mich meiner Dunkelheiten überführst.
Du wirst mich verwandeln
und mehr und mehr zu dem machen,
der ich nach deinem Herzen sein soll.
Das ist meine Hoffnung.

Einstehen für fremde Schuld

Ich glaube nicht an das Gute im Menschen.
Aber ich glaube,
daß Gott nie einen Menschen aufgibt
und daß es darum auch im schlimmsten Fall
gut mit ihm werden kann.

Mein Herr,
ich kann es kaum noch mit ansehen,
wie die große Schuld,
die er auf sich geladen hat,
ihn innerlich zerfrißt.
Und doch findet er nicht den Weg,
sein verhängnisvolles Versagen einzugestehen.
Er redet sich ein,
er habe so handeln müssen,
und wälzt die Schuld ab
auf die Umstände,
auf andere Menschen.
Mein Gott,
befreie ihn doch
aus dieser furchtbaren Verstrickung.
Nimm ihn bei der Hand.
Gib ihm den Mut,
das Böse in sich zu erkennen
und zu bekennen;

vor sich selbst,
vor dir
und vor denen,
die er so leiden gemacht hat.
Laß ihn die Freude der Vergebung erfahren,
und hilf, daß trotz allem
aus dem angerichteten Unheil
Gutes werden kann.

Die Entfremdung überwinden

Verstehen
heißt lieben.
Wenn wir einander
nicht mehr verstehen,
so beruht das
auf einem Mangel
an Liebe.

Gott,
wie qualvoll ist das,
daß wir einander
trotz so verzweifelten Bemühens
nicht mehr verstehen.
Das Wort
reißt Gräben auf,
statt Brücken zu bauen.
Je mehr wir das Gespräch suchen,
desto mehr entfernen wir uns voneinander,
und jeder ist
mit seiner Not
allein.
Du, unser Herr,
ich bitte dich,
gib uns die Augen deines Herzens,
denn nur mit dem Herzen
können wir einander
wirklich wahrnehmen.

Jeder von uns
möchte zuerst verstanden werden.
Erneuere unsere Liebe,
damit wir zuerst
verstehen.

Ich will umkehren

Umkehren
– erwartet sein,
Umkehren
– der Umarmung des Vaters entgegenlaufen,
Umkehren
– der Freude die Tür aufstoßen,
Umkehren
– sich der Erfahrung öffnen, daß ich um meiner
  selbst willen geliebt bin,
Umkehren
– gemessen werden an meiner Bedürftigkeit und
  nicht an meinem Tun,
Umkehren
– ohne Maß beschenkt werden.

Zu dir zurückkehren,
wenn ich mich verirrt
und letzte Erfüllung
in Vorläufigem gesucht habe.
Zu dir zurückkehren,
wenn ich das Dürsten meiner Seele
zu betäuben gesucht habe,
indem ich mein Herz an Dinge hängte
und meinen Wünschen zu besitzen
keine Grenzen setzte.
Zu dir zurückkehren,
wenn ich mich aufgelehnt habe

gegen deinen Willen
und dir insgeheim unterstellte,
du wollest mir Begehrtes nicht gönnen.
Zu dir zurückkehren,
wenn mein Gebet verstummt ist
und ich mich glauben gemacht habe,
du nähmest keinen Anteil an meiner Not.
Zu dir zurückkehren,
wenn ich dem Alltag erlaubt habe,
mich zu versklaven,
und keine Zeit mehr fand
für die Stille vor dir.
Zu dir zurückkehren,
wenn ich den Sorgen und Ängsten
die Herrschaft überlassen habe,
statt dir zu vertrauen
und mich dir zu lassen.
Zu dir zurückkehren, Herr,
nicht, um wieder und wieder zu fliehen,
sondern um endlich zu bleiben.
Das erbitte ich.

Mit Entbehrungen leben

*Preisgegeben
den engen Grenzen:
dein Leben;
einem Samenkorn gleich,
das der Wind
in eine Mauerritze wehte.
Du kannst versuchen,
die Mauern zu sprengen,
und deine Kräfte werden
in kurzer Zeit
verzehrt sein.
Du kannst dich verweigern
dem Schicksal,
das dich in solche Kargheit zwang,
und du wirst
vorzeitig
verkümmern.
Aber auch dies kann geschehen,
daß dein Mangel
dich entdecken läßt,
daß über dir
der Himmel sich weitet,
daß die Sonne dich lockt,
sich ihr entgegenzustrecken,
nach oben zu wachsen,
und Fülle des Lebens
dir bereitet ist
und ungeahnte Frucht.*

Wie in einem Netz, Herr,
dem ich nicht entrinnen kann,
bleibe ich immer wieder hängen
an dem, was ich entbehren muß,
an den Grenzen,
in denen mein Leben sich vollzieht,
an den Lasten,
die zu tragen mir auferlegt sind.
Und ich verliere aus dem Blick,
daß ich beschenkt bin
und immer wieder beschenkt werde
von dir.

Auch wenn meine Gefühle hinterherhinken:
Herr, ich will dich loben, ich will dir danken,
ich will mich befreien lassen,
meinen Blick auf dich zu richten.
Dir lasse ich meine Sorgen.
Dir lasse ich meine ungeheilten Erinnerungen.
Dir lasse ich meine unerfüllten Sehnsüchte.

Laß mich erfahren,
daß du für mich sorgst.
Laß mich erfahren,
daß schmerzliche Erinnerungen
ihre Macht über mich verlieren.
Laß mich erfahren,
daß du erfülltes Leben schenkst
mitten in allem,
was mir versagt blieb.
Herr, ich will dich preisen.
Du bist mein Gott.

Abschiednehmen

Die Pflöcke herausreißen,
die Zelte abbrechen,
immer wieder,
oft unter Tränen.
Nicht Wurzeln schlagen
im Endlichen,
dem Nachhausekommen
entgegenreifen.

Abschiednehmen,
mein Gott,
ist wie ein Stück Tod.
Jetzt, da ich gehen muß,
wird mir bewußt,
wie eng verflochten mein Leben
mit dem der Freunde ist.
Einsam werde ich sein,
fremd und verloren,
voller Sehnsucht nach Rückkehr.

Im Grunde meines Herzens
bin ich nicht bereit fortzugehen.
Darum bitte ich dich:
Richte meinen Blick nach vorn.
Laß mich nicht nur äußerlich aufbrechen.

Wenn ich zu sehr
am Vergangenen haften bleibe,
werde ich nicht offen sein
für neue Begegnungen.
Das Fremde wird seine Fremdheit nie verlieren.

Ins Ungewisse breche ich auf
und doch auch ins Gewisse,
denn du bleibst mir nahe.
Du geleitest mich.
Du hast mir längst den Weg gebahnt.
Du hilfst mir,
daß auf dem Boden des Schmerzes
die Dankbarkeit wachse
für alles, was ich hier empfangen durfte.

Trennung bestehen

Wenn es dir Kummer macht,
daß du nichts mehr tun kannst
für einen Menschen,
der deinem Herzen nahesteht,
so gedenke,
daß der Herr die Seinen ermächtigt hat
zu segnen.
Du ahnst nicht,
welche Kostbarkeit
du dem anderen mitgibst
auf seinen Weg,
wenn du ihn segnest.

Diesen Menschen,
an dem mein Herz hängt,
der mir gänzlich unersetzlich ist,
freigeben
für seinen eigenen Weg,
das ist so unsagbar schwer,
mein Gott.
Ein härterer Verlust
hätte mich nicht treffen können.

Diesen Menschen loslassen,
mit dem ich Innerstes teilen konnte,
der mich reich gemacht hat
wie kein anderer,

Schmerzlicheres konnte mir nicht geschehen.
Beraubt fühle ich mich
und grenzenlos verlassen.
Tag und Nacht
quält mich das Heimweh.

Ich weiß nicht,
wie ich es zuwege bringen soll,
die harte Wirklichkeit anzunehmen.
Unfaßbar ist mir alles.
Mein Gott, bleibe bei mir.
Laß mich mit meinem Entsetzen
nicht allein.
Laß mich nicht bitter werden,
daß sich unsere Wege getrennt haben,
sondern mitten in aller Traurigkeit
dankbar bleiben für das,
was wir einander
für eine begrenzte Zeit sein durften.

Im Angesicht des Todes

*Gewiß
ist es richtig,
daß in der Ewigkeit
Gemeinschaft mit Gott
das einzig Wesentliche ist.
Doch Richtigkeiten
sind oft kalt und lieblos.
Das wäre nicht
ein Gott der Liebe,
der Menschenliebe
so gering achtete,
daß er dem Tod erlaubte,
Liebende auf ewig
auseinanderzureißen.
Nicht groß genug
können wir denken
von der Barmherzigkeit
des Herrn.
In Ewigkeit
ist sie Zuflucht
allen Liebenden.*

Mein Gott,
allein zurückzubleiben
nach soviel Jahren
geteilter Freuden,
geteilter Nöte,
geteilter Hoffnungen,

geteilten Lebens
ist grausam.
Mein Herz will es
nicht begreifen,
daß der Tod
uns, die wir zusammengehören,
auseinanderriß.
Einem waidwunden Tier
bin ich gleich,
das keine Zuflucht findet.
In unermeßliche Tiefen
falle ich.
Fang mich auf, Gott;
fang mich auf!

Betroffen vom Leid deines Volkes

*Gott loben nach Auschwitz,
ohne die Leiden der Geopferten
zu verkleinern,
kann nur geschehen
im Aushalten der Unbeantwortbarkeit
des Schrecklichen
und im erschütternden Wissen darum,
daß Gott
in Auschwitz gelobt wurde.*

Einem jüdischen Mitmenschen
zu begegnen,
Herr,
berührt mich immer wieder
so schmerzvoll.
Die Leiden deines Volkes
lassen mich nicht los.
Nie kann das Verbrechen,
das mein Volk an ihm beging,
gesühnt werden.
Gott, ich kann es nicht fassen,
daß ausgerechnet
dein geliebtes Volk
Qualen durchleidet,
die grausamer
nicht auszudenken sind.

Ich weine,
Herr,
um dein Volk.

Ich dürste nach Leben

*Regenschwer
der Himmel,
alle Farben
verschlungen
vom Düstergrau.
Auf menschenleeren Wegen
bedroht dich
des Waldes Schwärze.
Nicht auszudenken,
daß die entlaubten Bäume
je wieder knospen sollen.
Eisiger Wind
reißt raubvogelgleich
jede Hoffnung
mit sich fort.*

So erfahre ich
mein Leben, Herr,
grau, entfärbt, trostlos.
Einsam gehe ich meinen Weg
voller Sehnsucht
nach Wärme, nach Licht,
nach Hoffenkönnen.
Einem entlaubten Baum
bin ich gleich,
der nur den Winter kennt.

O Herr,
ich möchte meine Wurzeln
tief hineinsenken
ins Erdreich deiner Liebe.
Wenn die Kraft deines Geistes
mich durchströmt,
kann meine Erstarrung
sich lösen,
kann ungeahntes Leben
hervorbrechen,
und was ich jetzt
als undurchdringliches Grau erlebe,
wird durchlichtet sein.
Ich werde wieder atmen können,
weil du
mich lebendig machst.

An Gott leiden

Laß ihn ein,
den Engel,
der vor deiner Tür steht,
höre seinen Gruß,
du Enthoffneter.
Ungeahnte Hoffnung
wirst du tragen in dir.
Blühen wird es
in der Dürre deiner Seele.
Sei gewiß,
das Undenkbare,
das Unerwartete,
das Unmögliche
wird geschehen,
denn in dir
will der Herr
sich Wohnstatt bereiten.

Wo bist du, mein Gott?
Ich suche dich
mit wachsender Verzweiflung,
aber ich schreite nur
durch leere Räume.
Nimm die Nacht
aus meinen Augen,
daß ich dich erkenne
und die Angst
von mir weiche.

Gott suchen

*Ein letztes tiefes Verlangen nach Gott
ist immer Vorbereitung auf die Begegnung
mit ihm.*

Herr, du mein Gott,
ich habe ein so starkes Verlangen,
mit innerster Hingabe beten zu können.
Einsinken möchte ich
in deine Gegenwart,
an nichts anderes denken
als an dich,
nichts anderes wollen
als vor dir sein;
nicht behindert werden von meiner Müdigkeit,
nicht gelähmt werden
von dem Gefühl innerer Leere,
nicht gelenkt werden von meinen Wünschen,
nicht entmutigt werden von meinen Zweifeln.

Auf deinen Geist warte ich,
daß er mir zu Hilfe komme.
Komm, du mein Gott,
und bahne dir den Weg zu meinem Herzen,
daß es sich weite
zu grenzenlosem Vertrauen.

Ich danke dir,
daß ich mich danach sehne,
dir nahe zu sein,
denn meine Sehnsucht ist dein Ruf
an mich.

Halt suchen

*Du magst suchen
und suchen.
Letzte Antwort
auf die Frage
nach dem Leid
wirst du nicht finden
in dieser Welt.
Doch suche
dies Geheimnis zu ergründen,
woran es liegt,
daß Menschen versteinern
unter ihrer Leidenslast,
verhärten und verbittern,
und anderen
wird das schmerzdurchpflügte Herz
zum Acker.
Die Tränensaat geht auf
zu Güte, Verstehen und Erbarmen.*

*Leid kann zerstören,
aber wo du dich vertrauend beugst
dem Unfaßbaren,
ist diese Macht ihm schon genommen.
Lehne dich nicht auf,
so trägt dich jeder Schmerz
zu neuen Ufern.*

Herr,
ich möchte mich festhalten
an deinem Wort,
aber meine Hände
sind kraftlos geworden.
Jetzt muß dein Wort
mich festhalten.

Sehnsucht nach Gott

*Wie zwei Menschen,
die einander lieben,
immer beisammen sind,
so sollten wir es lernen,
in ständigem Zwiegespräch
mit Gott zu leben.
Auf diese Weise vermag unser Gebet
unseren ganzen Alltag zu durchdringen.*

Vergeblich versuche ich,
mir ein Gebet abzuringen.
Nichts bringe ich hervor
als ein paar dürre Worte.
Einem ausgetrockneten Bachbett
ist meine Seele gleich.
Eine Fessel von Müdigkeit und Leere
hat sich um mich gelegt.
Laß mich spüren, mein Gott,
daß du mich nicht verlassen hast.
Berühre mich mit deinem Geist,
daß er in mir bete.
Ich bin doch dein.
Lösch alles in mir aus,
was deinem Geist im Wege steht.

Geduldig will ich warten,
denn ich weiß,
daß ich dir nicht immer
in gleichem Maße nahe sein kann.
Auch die Seele
hat ihre Gezeiten.
Herr, mein Gott,
ich sehne mich nach dir.
Verlieren möchte ich mich
im Lobpreis deiner Herrlichkeit.
Freuen möchte ich mich
an deiner Gegenwart.
Komm, Herr, Heiliger Geist.

Zu Gott fliehen

*Eingegraben
unauslöschlich
in der Hand des Herrn:
dein Name.*

Aus eigener Kraft,
Herr,
vermag ich es nicht,
aber in der Kraft deines Geistes
gebe ich dir aufs neue mein Ja.
Dir will ich angehören
mit ungeteiltem Herzen.
Mitten in meiner unerträglichen Situation
bekenne ich:
Du bist mein Gott.
Du bist mir verborgener denn je,
aber ich will dir vertrauen.
Auswegloser als jetzt
habe ich mein Leben nie erfahren,
aber du weißt den Weg.
Ich spüre deine Liebe nicht,
aber ich will nicht auf meine Gefühle bauen.
Für alle Zeit bin ich dein.

Du ermißt die Tiefe meines Erschreckens
und weißt
um die Dürftigkeit meines Glaubens.
Du nimmst dich meiner Schwachheit an.
Selbst in der äußersten Verlassenheit
bist du da.
Ich werde nicht zerbrechen,
denn du wachst über mir.

Das Schweigen brechen

Nicht darin
liegt die Behutsamkeit,
dem geliebten Menschen
mein Leiden
zu verbergen,
sondern ihm zu erlauben,
es mit mir
zu teilen.

O Gott,
ich konnte es dem geliebten Menschen
bisher nicht sagen,
in welch ausweglose Not
mein Leben geraten ist.
Ich habe Angst,
ihm Lasten aufzubürden,
die für ihn
zu schwer sind.
Ich habe Angst,
ihn zu erschrecken
und ratlos zu machen.
Seinem Fragen
bin ich ausgewichen.
Aber heute
habe ich gespürt,
wie schmerzlich es für ihn ist,

ausgeschlossen zu sein
von dem, was mich umtreibt.
Ich lasse ihn
mit allem Suchen und Vermuten
allein.
Gib mir behutsame Worte,
mich aufzuschließen.
Gib uns die Kraft,
die Last
in Liebe
miteinander zu tragen.

Wenn die Kraft des Glaubens nicht standhält

Du und ich,
jeder durchwandert
seine Nacht
allein.
Unteilbar
ist der Schmerz.
Aber wenn der Morgen
der Ewigkeit
anbricht,
wird uns einen
die Freude.

Ich bin nicht stark, Herr,
nicht tapfer.
Meine Tragfähigkeit
ist solchen Lasten
nicht gewachsen.
Wie soll
das schwache Pflänzlein
meines Glaubens
überleben
zwischen den Mühlsteinen
ausweglosen Leidens.
Herr, ich habe schreckliche Angst.

Nicht einmal mehr zu schreien
vermag ich.
Die Erstarrung meiner Seele
wächst von Tag zu Tag.
Ich bin mehr tot
als lebendig.
Höre mich, Gott,
ehe ich gänzlich verstumme.

Geborgenheit brauchen

*Aufgenommen
von den Armen
der Mutter.
Von unbezwingbarer Macht
ihr Herzschlag.
Urgeborgenheit
für das Kind.*

*Nie entwachsen wir
der Bedürftigkeit,
umarmt zu sein.
Und doch:
Einander bergen
können wir
immer nur
bruchstückhaft.
All unser Umarmen
weist über sich hinaus
auf den,
an dessen Herz
kein Entbehren
mehr sein wird.*

Unstillbar, Gott,
ist mein Verlangen
nach Geborgensein.
Aber das Haus,
in dem ich wohne,
ist nicht mein.

Einmal werde ich
gehen müssen.
Die Menschen,
mit denen ich mein Leben teile,
gehören mir nicht.
Einmal werden wir
Abschied nehmen voneinander.
Schon hat der Tod
Beziehungen ausgelöscht,
in denen ich zu Hause war.
Es ist ungewiß,
ob meine Freunde von heute
auch morgen
meine Freunde sein werden.
Mein Arbeitsplatz ist nicht
für alle Zeit gesichert.
Einmal werde ich alt werden,
und meine Schaffenskraft
wird erlahmen.
Es kann geschehen,
daß ich eines Tages
nicht mehr geben kann,
sondern nur noch nehmen muß.

Laß mich beizeiten lernen,
daß ich im tiefsten
nur bei dir zu Hause bin,
Herr, du mein Gott,
du mein Vater,
du meine Mutter,
was auch geschehen mag;
Ich bin dein.

Dennoch vertraue ich

Gott loben
heißt ausbrechen
aus dem Teufelskreis
der Ichzentriertheit
und eine neue
Umlaufbahn bekommen.

Für die Inseln des Trostes
mitten in einem Meer von Leid
danke ich dir, Herr, du mein Gott.
Du führst mich durch unwegsame Schluchten,
großen Schrecken bin ich ausgeliefert
und bin dennoch behütet.
Meine Kraft ist längst erschöpft,
aber du trägst mich hindurch.
Nicht daß die Stimmen des Mißtrauens
und des Sichauflehnens
verstummt wären in meinem Herzen,
aber ich weiß,
daß sie unrecht haben.
Sie verlieren ihre Macht,
wenn ich deine Stimme erhorche.
Du sagst zu mir:
„Fürchte dich nicht,
ich, dein Gott, verlasse dich nicht."

Lobpreisen will ich dich
für alle Treue.
Ich erfahre, was Verzweiflung heißt,

aber gleichermaßen umgibt mich
das Geheimnis des Getröstetseins.
Auch wenn die Finsternis noch wächst,
sie ist nicht die einzige Wirklichkeit
meines Lebens.
Wenn meine Augen vertraut geworden sind
mit der Dunkelheit,
kann ich wahrnehmen,
daß immer noch Licht einfällt:
Du schenkst mir Menschen,
die sich meiner Klage nicht verschließen,
die für mich einstehen vor dir.
Du hältst mir Brot und Wein bereit
und umarmst mich im heiligen Mahl.
Mein Herz darf ich ausschütten vor dir.
Du hilfst mir,
daß ich nicht versinke im Selbstmitleid,
sondern teilnehmen kann
an fremder Trauer.
Beides läßt du wachsen in mir:
die Fähigkeit zu leiden
und die Fähigkeit zu lieben.
Du befreist mich von dem Drang,
den Sinn alles Leidens
hier und jetzt erkennen zu wollen.
Herr, mein Gott, ich lobpreise dich,
denn ich weiß,
am Ende
wird alle Klage von mir abfallen.
Am Ende
wirst du alles Erlittene
verwandeln in Freude.

Stellvertretend glauben

*Es gibt eine Tiefe des Schmerzes,
die nicht mitteilbar ist,
die auch der geliebteste Mensch
nicht bis ins letzte einzufühlen vermag.
Nur die Liebe Christi
gewährt uns Zuflucht,
denn vollkommene Liebe
bedeutet vollkommenes Mitleiden.*

Deine ungeteilte Liebe
gehört diesem Menschen,
das weiß ich, Herr.
Sein Leben ist eingebunden
in deine Freundschaft.
Du kannst nicht vorübergehen
an seinem Elend,
weil es deinem innersten Wesen widerspräche;
das ist meine Hoffnung für ihn.

Wie schwer ist es, mein Gott,
mit anzusehen,
wie er sich langsam,
aber unausweichlich zerstört.
Zu schwach ist unsere Liebe,
um rettungsmächtig zu sein,
aber deiner Liebe

ist er erreichbar.
Seine Lebensgeschichte
ist aufbewahrt in deinem Herzen.
Du kannst die Not wenden,
du kannst ihn heilen.
Deine Hände sind stark genug,
ihn dem dunklen Sog der Zerstörung
zu entreißen.
Weil ich dessen gewiß bin,
muß ich ihn nicht aufgeben.
Abgeben will ich ihn
an dich
und dir danken,
daß du kommen
und an ihm handeln wirst.

Das Elend der Kirche

*Kirche
kann nur Kirche sein,
wenn in ihr
die beständige Bitte um den Heiligen Geist
lebt.*

Herr, mein Gott,
die Gestalt deiner Kirche
beelendet mich,
und manchmal frage ich mich,
wie lange du uns noch erträgst.
Wir sind eine Kirche,
die äußerlich aufgebläht
und innerlich verkümmert ist.
Wir haben die Botschaft,
die du uns anvertraut hast,
verharmlost, verstellt, verraten.
Deinen Geist haben wir ausgesperrt
und aus der Kirche des Wortes
eine Kirche der Wörter gemacht.
In dem Bestreben, es allen recht zu machen,
haben wir uns auf billige Weise angepaßt
und das Ärgernis des Glaubens beseitigt.
Statt um das Kommen deines Reiches
haben wir uns nur um unsere Existenz gesorgt.
Wir haben die Vollmacht verloren,
die du deiner Kirche verheißen hast.

Wir sind blind geworden
für die Zeichen der Zeit.
Wir haben uns eingerichtet in dieser Welt
und dein Kommen aus den Augen verloren.
O Herr,
erbarme dich deiner Kirche;
laß uns endlich umkehren
von unseren Irrwegen.
Erlöse uns von der Geist-losigkeit,
und erneuere uns von Grund auf.

Sein, der ich bin

*Unerbittlich
zu immer neuen Leistungen dich antreibend:
der Richter in dir.
Tag für Tag
wirst du verklagt, entwertet.
Tag für Tag:
du mußt, du sollst.
Vernichtigt wird,
was dir gelang,
gebrandmarkt dein Versagen.*

*Gerichtet ist der Richter.
Weißt du es nicht?
Der aller Richter Richter ist,
der hat dich freigesprochen.*

Mein Gott,
ich stelle so überhöhte Ansprüche an mich.
Nie kann ich ihnen gerecht werden.
Immer bleibe ich weit hinter dem zurück,
der ich gern sein möchte.
Meine Erschöpfung wächst von Tag zu Tag.
Heile mich von allem falschen Ehrgeiz.
Weil ich dir wichtig bin,
muß ich mich nicht wichtig machen.
Weil ich dir wert bin,
muß ich mir nicht selber einen Wert geben.
Ich darf sein, der ich bin.
Dank sei dir.

Zum Lob befreit werden

Wir meinen so oft,
unser Lob sei etwas,
das wir Gott geben,
aber wer je die heilende, verwandelnde Kraft
des Lobes Gottes an sich erfahren hat,
der weiß, daß wir immer
die Beschenkten sind.

Wenn ich dich zu loben versuche,
mein Gott,
spüre ich meine innere Leere,
meine Unfähigkeit, dir zu antworten.
Senke dein Lob hinab
in meine Tiefen.
Wenn dein Geist
die Saiten meiner Seele berührt,
dann beginnt mein Innerstes zu schwingen,
und ich vermag dich zu loben
mit meinem ganzen Sein.

Wer bin ich?

Je mehr du dich finden willst,
desto mehr wirst du dich verlieren,
denn wer du bist,
das kannst du dir nicht selber sagen.
Je mehr du dich an Gott verlierst,
desto mehr wirst du dich finden,
denn er sagt dir, wer du bist.

Ich bin des Maskentragens so müde,
mein Gott,
und doch kann ich mich meiner Maske
nicht entledigen.
Wie oft sieht es so ganz anders aus in mir,
als ich mich nach außenhin gebe.
Ich habe Angst,
mich dem Nichtverstehen auszusetzen,
dem Nichtangenommensein,
wenn ich mich schwach zeige.
Ich fürchte ganz allein dazustehen
mit meiner Art,
Menschen und Dinge zu sehen.
Mir ist bange
vor dem unbarmherzigen Zugriff derer,
die vorschnell mit starren Urteilen
bei der Hand sind.

Du weißt,
daß ich in so vielem nicht der bin,
für den meine Umwelt mich hält.
Mich zu verbergen
verleiht mir ein Stück Sicherheit,
aber es macht mich auch einsam.
Manchmal frage ich mich,
ob ich mir nicht selber
ein falsches Bild von mir mache.
Ich kann eine Rolle spielen
und zugleich mein eigener Zuschauer sein.
Was ist echt? Was ist gespielt?
Oft weiß ich es selber nicht.
Du siehst mich an, mein Gott.
Du kennst mich.
Vor dir kann ich rückhaltlos ausbreiten,
was mich im Innersten bewegt.
Ich bin immer schon verstanden.
Ich bin immer schon angenommen.
Deinen Augen bin ich kostbar,
wie unansehnlich
ich mir selber auch vorkommen mag.
Dein Gedanke bin ich.
Hilf mir, daß ich mich sehen lerne
im Spiegel deines Angesichtes.

Ein Mensch sein wollen
nach dem Herzen des Herrn

Die größte Not unseres Lebens
wurzelt in unseren unverwandelten Herzen.

Ich bin meiner selbst so müde.
Mutlos werde ich,
wenn ich wahrzunehmen wage,
wieviel Widerstand gegen dich,
mein Gott,
in meinem Herzen nistet.
Wieviel Böses wohnt in mir,
auch wenn vieles nicht zum Ausbruch kommt,
wieviel Gleichgültigkeit,
wieviel Unfähigkeit zu liebender Hingabe.

Manchmal träume ich, Herr,
von einem neuen Herzen.
Ein Herz ersehne ich mir,
das sich ganz an dich verliert,
ein Herz, das für dich brennt
und deinen Willen liebhat,
ein Herz voll Vertrauen,
ein Herz, in dem Raum ist
für die Leidenden,
ein Herz, das sich nicht ängstlich einmauert,

sondern wagt,
seine Verwundbarkeit anzunehmen,
weil es aus deiner heilenden Liebe lebt,
ein Herz,
das mitten im Lärm deine Stimme erkennt;
in dem dein Lobpreis lebendig ist.
Laß mich nicht müde werden,
mein Gott,
ein solches Herz von dir zu erbitten.

Das Habenwollen überwinden

Sich zu Gott gehörig wissen,
im Einklang sein mit seinem Willen,
seine Gegenwart erfahren,
trösten können,
verstehen und verstanden werden,
die Schönheit der Schöpfung wahrnehmen,
Musik erleben,
geben können,
dankbar sein,
das Glück der Begegnung erfahren,
teilen können,
Vertrauen schenken und empfangen,
zärtlich sein,
sich an einen Menschen verlieren,
schöpferisch sein,
herzlich sein,
sich freuen können –
das macht reich.

Mein Gott,
ich bin traurig über mich.
Dem Unerfülltsein
wollte ich entrinnen.
Immer neue Wünsche
habe ich mir erfüllt,
und plötzlich habe ich bemerkt,
daß die Dinge mich besitzen,

daß ich nicht mehr die Freiheit habe,
zu verzichten.
Sie halten mein Herz besetzt
und beherrschen meine Gedanken.
Ich lebe nicht mehr in die Tiefe.
Mitten in allem Überfluß
darbt meine Seele.

Ich erkenne meine Schuld
im Vergessen derer,
die in Armut und Elend leben.
Ich erkenne meine Schuld
in der Flucht vor dir,
mein Gott.
Von den Dingen erwartete ich die Erfüllung,
die nur du zu geben vermagst.
Ich bitte dich,
löse mich ganz los
vom Hängen an Besitz.
Laß mich erfahren,
was ich im Grunde meines Herzens weiß,
daß Verzicht frei macht,
frei für dich,
frei für andere Menschen,
frei für die wirklichen Reichtümer.

Ich möchte liebesfähig sein

Die Sehnsucht,
wahrhaft lieben zu können,
ist der erste Schritt
auf dem Weg
zur Liebe.

Nur wo wir lieben,
Herr,
da ist Sinn.
Doch nirgends versage ich
so sehr
wie in der Liebe.
Ausgerechnet dem Menschen,
der meinem Herzen
am nächsten steht,
füge ich Schmerz um Schmerz zu.

Liebe schenkt Freiraum,
ich aber will besitzen.
Liebe kann geduldig warten,
ich aber bin voller Ungeduld,
Liebe verzeiht,
ich aber klage an.
Liebe fordert nicht,
ich aber stelle Ansprüche.

Herr,
du kennst meine Sehnsucht,
wahrhaft lieben zu können
mit innerster Hingabe,
ohne Berechnung,
in der Bereitschaft zu leiden.
Du allein bist der vollkommen Liebende.
Fülle mein liebesarmes Herz
mit dem Reichtum
deiner Liebe.

Liebe leben lernen

*Einen Menschen lieben heißt
seine Schönheit und seine Bedürftigkeit
gleichermaßen wahrnehmen.*

Wir haben uns so weit voneinander entfernt,
Herr, daß wir einander wie Fremde
gegenüberstehen
und ich Angst haben muß,
diesen geliebten Menschen gänzlich zu
   verlieren.
Ich danke dir, daß ich ihn
trotz alles Nichtverstehens
trotz alles Verletztwerdens
immer noch liebhaben darf.
Ich danke dir, daß du ihn liebst
mit einer Liebe,
die nicht so begrenzt,
so hilflos und schwach ist
wie die meine.
Ich danke dir, daß deine Liebe
sein ganzes Sein umfängt,
auch das Unvollkommene,
auch das, was mich an ihm leiden macht,
woran ich mich immer wieder stoße.

Ich danke dir, daß du ihn wahrnimmst,
wie er im tiefsten ist,
daß deine Liebe ihn unaufhaltsam
verwandeln kann,
wo er an sich selber leidet.

Mache mich fähig und bereit,
die wunderbaren Möglichkeiten
sehen zu lernen,
die du in ihn hineingelegt hast,
sie stellvertretend für ihn zu glauben,
wo er voller Mißtrauen gegen sich ist.
Hilf mir, ihn innerlich nicht zu verlassen,
wenn ich mich enttäuscht
und unverstanden fühle.
Schenke mir im rechten Augenblick
das verbindende Wort,
das liebevolle Schweigen,
das barmherzige Verzeihen.
Laß mich immer wieder dessen eingedenk sein,
daß ja auch ich ihm zu tragen gebe
mit meinem Versagen,
mit allem, was mir mangelt
und dessen er doch bedürftig wäre.

Herr, du weißt,
wie oft ich ihn überfordert habe,
wie oft ich mehr erwartete,
als er zu geben vermochte,
wie oft ich ihn verantwortlich gemacht habe
für mein Unerfülltsein,
statt an mir selbst zu arbeiten.

O Herr, ich möchte lernen,
alles Schöne an meinem Partner zu entdecken,
ihn nicht zu entwerten,
weil es Sehnsüchte gibt,
die er mir nicht zu stillen vermag.
Mache mich zum Segen
für diesen Menschen,
den ich liebhabe
wie sonst niemand auf dieser Welt.

Meine Kinder brauchen mich

*Ein Kind.
Verstohlen hat es
seine kleine Hand
in meine Hand
geschoben,
und Kinderaugen sagen:
Ich vertraue dir.*

*Nur ein Stück weit
kann ich dich begleiten,
Kind,
nur ein Stück weit
Schutz gewähren,
nur ein Stück weit
Zuflucht sein.
Doch sei getrost,
es ruhen unser beider Hände
in der Hand
des Vaters.*

O Gott,
ich wäre meinen Kindern
so gern eine gute Mutter.
Ich bin so bestürzt
über all mein Versagen.
Du kennst meinen Mangel an Geduld.
Du weißt, wie schnell ich
die Beherrschung verliere
und sie beschimpfe,
statt das Gespräch zu suchen.

Manchmal werden mir
ihre Streitereien so lästig,
daß ich am liebsten
davonlaufen würde.
Ich fühle mich so verplant, Herr,
so überfordert
von all ihren Bedürftigkeiten,
von ihrem unersättlichen Hunger
nach Zuwendung.

Ich bin so selten
fröhlich und ausgeglichen.
Die Kinder spiegeln
meine innere Zerrissenheit.
Wie gern würde ich ihnen
eine Atmosphäre schaffen,
in der ihre Seelen sich entfalten können,
und wie wenig gelingt mir das.

Ich habe so viel falsch gemacht.
Ich bleibe ihnen so viel schuldig.
Ich bitte dich:
Heile in ihnen,
was ich ungewollt verletzt habe.
Fülle sie mit deiner Liebe,
wo meine Liebe
an ihre Grenzen kommt.
Gib mir wieder Mut, Herr,
Mutter zu sein,
nicht aus meiner,
sondern aus deiner Kraft.

Das Entsetzen teilen

*Einen Menschen
ganz in meiner Herzensnähe behalten
und ihn gleichermaßen
ganz in Gottes Hände
und an sein Herz abgeben
ist etwas vom Schwersten.
Das Geheimnis,
es dennoch zu vermögen,
heißt Heiliger Geist.*

Daß ein Mensch,
der dir so hingegeben dient,
Gott,
sich so quälen muß,
heimgesucht von Schmerzen,
die die Ufer des Erträglichen
längst überflutet haben,
das erschreckt mich ohne Maß.
Daß einer,
der schon so verwundet ist,
von immer neuen Schicksalspfeilen
getroffen wird,
läßt mich Gefahr laufen,
an dir irre zu werden.

Schreit denn seine Not

nicht zum Himmel?
Warum gibst du ihn
der Zerstörung preis
und hast doch Macht,
mit einem Wort
ihn seinem Elend
zu entreißen?
Warum entziehst du dich
all unseres Schreiens?

O Gott,
gib ihm ein Zeichen,
leibhaft spürbar,
daß du ihn nicht verlassen hast.
Laß ihn
nicht länger warten;
es ist spät geworden.
Komm, du sein Gott,
an dem er hängt,
obwohl er fast zugrunde geht.
Wer sollte ihm zu Hilfe eilen,
wenn nicht du,
der du ihm zugesagt hast,
daß er dein sei?

Elend wahrnehmen

*In weiche Kissen lasse ich mich fallen.
Ich strecke mich behaglich aus
auf meiner Bettstatt
und ziehe die wärmende Decke
über meinen Leib.
Jetzt nur noch schlafen.
Doch jäh stehen vor mir auf
die Bilder des Schreckens:
Auch in dieser Nacht
kauern sich Menschen
auf ein Lager von Unrat,
notdürftig aufgeschichtet
in ihrer Elendshütte.
Unbarmherzig
haben die Wasserfluten des Monsun
das Letzte geraubt,
das ihnen noch blieb:
den trockenen Boden.
Menschen, die den Schlaf suchen
und die Kälte finden,
die Seuche,
den Hunger.
Fragend richten sich auf mich
die Augen der Armen.
Es ist nicht wahr,
daß Indien weit weg ist.*

Ich weiß, mein Gott,
daß die Mehrheit der Menschen

in unvorstellbarer Armut lebt.
Zu keiner Zeit meines Lebens
war ich arm.
Schwerlich kann ich ermessen,
was es heißt,
daß Leben ausschließlich darin bestehen kann,
täglich ums Überleben zu kämpfen.
Nie habe ich gefroren am eigenen Leib,
wie jene frieren,
beraubt jeglicher Hoffnung
auf wärmende Zuflucht.
Was weiß ich schon
von den verwüsteten Seelen der Mütter,
die dem Hungertod ihrer Kinder
tatenlos zuschauen müssen.

Laß mich nicht flüchten
vor den Bildern des Elends.
Wecke mich auf aus dem Schlaf der Sattheit.
Gib mir eine heilsame Unruhe ins Herz,
damit ich in meinen Grenzen
zu handeln fähig werde.

Das zerstörte Antlitz des Menschen

*Vielleicht müssen wir zuzeiten verzweifelt sein,
hoffnungslos verzweifelt,
weil das der einzige Weg ist,
auf dem wir uns nach Gott zu sehnen beginnen.*

O Gott, sieh das Elend deiner Menschheit.
Als dein Gegenüber hast du uns geschaffen.
Wir aber haben dich verlassen.
Getrieben vom Allmachtswahn,
sind wir dem Glauben
an die Machbarkeit aller Dinge
verfallen,
haben wir deine Herrschaft negiert,
und über uns kam
die Herrschaft des Bösen.
Je weniger wir dir vertrauten,
desto mehr glaubten wir an uns selber.
Das Wissen haben wir angebetet
und den Zweck zum Maß aller Dinge gemacht.
Entstellt ist unser Antlitz
von der Gier nach Besitz.
Erbarmungslos ausgebeutet haben wir die Erde,
die du uns anvertraut hast,
und ein heilloses Maß

an Zerstörung angerichtet.
Vernichtigt haben wir alle Werte.
Verwahrlost sind unsere Seelen.
Verarmt ist unser Geist.
Verstümmelt sind wir
durch unsere eigene Hand.
In unseren Häusern wohnt die Angst.
Wir schreien nach Frieden
und säen Vernichtung.
Bar jeglicher Orientierung
rennen wir dem Abgrund entgegen.
Wer erkennt, Herr, dein Gericht über uns?
Wir machen uns vor,
die Vernunft könne uns retten,
und sind noch immer nicht bereit,
umzukehren zu dir,
dir die Ehre zu geben,
deren wir dich beraubt haben.
O Gott, sieh das Elend deiner Menschheit.
Komm uns zu Hilfe mit deinem Erbarmen.

Zusammengehören
mit dem Gekreuzigten

Gottes Liebe
ist nicht ablesbar
an unserem Ergehen,
sondern allein am Leiden Jesu Christi.

Du mein gekreuzigter Herr,
du mein zerlittener Gott,
weil du in deiner unbegreiflichen Liebe
völlig bei uns sein wolltest,
hast du dich ausgesetzt
dem Mißverstandensein,
der Anfeindung,
dem Haß,
dem Alleingelassenwerden,
der Hilflosigkeit,
dem Verwundetwerden an Leib und Seele,
einem unmenschlichen, qualvollen Sterben.

Was das heißt,
ist ein unauslotbares Geheimnis für mich.
Ich werde es nicht begreifen,
aber ich möchte von ihm ergriffen sein.

Vergib mir,
daß ich auf dein unfaßbares Tun

nur so unzulänglich
zu antworten vermag.
Vergib mir,
daß ich deine Liebe
immer wieder in Zweifel ziehe
und im Leiden der Verzweiflung Raum gebe,
so, als ob keine Zuflucht da wäre.
Vergib mir meine mangelnde Bereitschaft,
mit dir zu leiden.

Du mein gekreuzigter Herr,
ich danke dir,
daß es kein Leid gibt,
in dem du nicht
bei uns wärest.

Wieder glauben können

*Hineingerissen
in den Lobpreis
mit ungeahnter Macht.
Gebannt ist
die Finsternis,
die eben noch
dich zu verschlingen drohte.
Unfaßbar ist,
was dir geschieht.
Schweig!
Worte sind kein Gefäß
für das Wunder.*

Du, Herr,
hast mich herausgeholt
aus undurchdringlicher Finsternis.
Als jegliche Hoffnung mir entglitten war
und mein Lebenswille zerbrach,
hast du mir die Augen geöffnet
für deine Gegenwart.
Mitten in der Bedrängnis
habe ich es erfahren:
Du bist bei mir.

Gewaltsam wollte ich meine Last abwerfen,
du aber halfst mir,
sie mit anderen Augen anzusehen,

in ihr das Geheimnis deines Weges mit mir
zu ahnen.
Voller Freude ist mein Herz,
denn du hast mir
das Vertrauen in deine Liebe wiedergeschenkt.
Ich weiß: Es gibt einen Weg für mich,
auch wenn ich ihn noch nicht erkenne.
Ich weiß: Ich kann meine Last tragen,
auch wenn ich nicht stark bin.
Du bist bei mir.
Das ist genug für mich.

Um den Segen bitten

*Nur der Beschenkte
kann ein schenkender Mensch sein,
nur der Getröstete
ein tröstender,
nur der Gesegnete
ein segnender.
Und was hätte unsere Welt nötiger
als schenkende, tröstende, segnende Menschen.*

Herr, segne meine Hände,
    daß sie behutsam seien,
    daß sie halten können,
    ohne zur Fessel zu werden,
    daß sie geben können ohne Berechnung,
    daß ihnen innewohne
    die Kraft, zu trösten und zu segnen.

Herr, segne meine Augen,
    daß sie Bedürftigkeit wahrnehmen,
    daß sie das Unscheinbare nicht
    übersehen,
    daß sie hindurchschauen
    durch das Vordergründige,
    daß andere sich wohl fühlen können
    unter meinem Blick.

Herr, segne meine Ohren,
    daß sie deine Stimme
    zu erhorchen vermögen,
    daß sie hellhörig seien
    für die Stimme der Not,
    daß sie verschlossen seien
    für den Lärm und das Geschwätz,
    daß sie das Unbequeme nicht überhören.

Herr, segne meinen Mund,
    daß er dich bezeuge,
    daß nichts von ihm ausgehe,
    was verletzt und zerstört,
    daß er heilende Worte spreche,
    daß er Anvertrautes bewahre.

Herr, segne mein Herz,
    daß es Wohnstatt sei deinem Geist,
    daß es Wärme schenken und bergen kann,
    daß es reich sei an Verzeihung,
    daß es Leid und Freude teilen kann.

Laß mich dir verfügbar sein, mein Gott,
mit allem, was ich habe und bin.

Segen

Ich bin schwach,
ich kann mein Leben
nicht aus eigener Kraft bewältigen.
Aber ich darf Gottes Kraft erfahren,
darum muß ich mich nicht mehr auflehnen.
Ich kann mein Schwachsein annehmen.

Ich bin verletzbar,
ich kann mich nicht unberührt
darüber hinwegsetzen,
wenn ich Ablehnung und Unrecht erleide.
Aber ich darf
Gottes heilende Gegenwart erfahren;
meine Verletzungen
verlieren ihr Schwergewicht.
Ich kann mich wieder auf Menschen einlassen.

Ich mache mich schuldig,
ich versage immer wieder,
obgleich ich in allem leben möchte,
wie Gott es will.
Aber er läßt mich spüren,
daß er einen langen Atem hat,
darum muß ich nicht an mir verzweifeln.
Ich kann Geduld mit mir haben.

*Ich bin voller Zweifel,
ich falle immer wieder ins Mißtrauen zurück,
aber Gottes Heiliger Geist
überwindet meine Grenzen,
und ich darf Schritte des Vertrauens tun,
wo ich es gar nicht erwartet habe.
Ich kann mein Mißtrauen an Gott abgeben.*

*Ich wünsche mir oft,
anders zu sein, als ich bin.
Aber so, wie ich bin,
erfahre ich:
Ich bin des Herrn bedürftig.
Meine Mängel sind das Gefäß,
in dem er sich mir schenkt.
Darum danke ich ihm,
daß ich bin,
wie ich bin.*

Der Herr beschenke dich
mit der Behutsamkeit
seiner Hände,
mit dem Lächeln
seines Mundes,
mit der Wärme
seines Herzens,
mit der Güte
seiner Augen,
mit der Freude
seines Geistes,
mit dem Geheimnis
seiner Gegenwart.

Sabine Naegeli
*Hoffnung
hat viele Leben*
72 Seiten, gebunden
ISBN 3-451-22286-8

Ein zauberhaftes Hoffnungsbuch gegen die Lebensangst. Poetische Texte und einfühlsame Farbfotografien der Autorin, die das Leben lieben lehren. Mitten in einer kurzatmigen Zeit schenkt dieses Buch Möglichkeiten zum Meditieren und zum Atemholen im Alltag.

Sabine Naegeli
Die Nacht ist voller Sterne
6. Auflage, 128 Seiten, Paperback
ISBN 3-451-20936-5

„Gebete für alle, denen eine Begleitung auf ihrem schweren Weg durch die Nacht willkommen ist. Am Krankenbett, aber auch im Gottesdienst können diese Gebete vielen aus dem Herzen sprechen" (Reformiertes Forum).

Verlag Herder Freiburg · Basel · Wien

Sabine Naegeli
Wenn Hoffnung dein Herz erreicht
Worte der Zuversicht
24 Seiten, geheftet
ISBN 3-451-22768-1

Dieses Trostbüchlein – aus eigener Betroffenheit entstanden – wird Leidenden und Mitleidenden zum einfühlsamen und verständnisvollen Begleiter auf ihrem schweren Weg. Hier kommen Gefühle, Reaktionen und Ängste so zur Sprache, daß sich die Betroffenen wirklich verstanden und angenommen fühlen können und so Halt in ihrer Hilf- und Ratlosigkeit finden. Ein Wort von Luise Rinser erfährt in diesem tröstlichen Geschenkbüchlein erlebbare Wirklichkeit: „Das Leiden ist das Einfallstor der Liebe. Alle großen Taten opfernder Liebe wären ungetan geblieben, hätte nicht Not und Leid den Menschen dazu aufgerufen."

Verlag Herder · Freiburg · Basel · Wien